Und so geht's:

Das Beispiel auf dieser Seite zeigt, wie du mit miniLÜK spielst. Diese Übung findest du auf Seite 2 und 3.

Öffne das miniLÜK®-Lösungsgerät und lege den durchsichtigen Boden des Lösungsgerätes auf die untere Übungsseite deines miniLÜK-Heftes!
Nimm Plättchen 1. und sieh dir Aufgabe 1. an!

Dort siehst du ein farbiges Bild, das du auf der unteren Seite in Schwarz-Weiß wiederfindest.
Lege Plättchen 1. auf Feld 3!
So spielst du weiter, bis alle 12 Plättchen auf dem durchsichtigen Teil des Lösungsgerätes liegen und keine Bilder mehr zu sehen sind.

Dann schließt du das Lösungsgerät und drehst es um.
Wenn du das bei der Übung abgebildete Muster siehst, hast du alles richtig gemacht.

Passen einige Plättchen nicht in das Muster, löst du diese Übungen noch einmal.
Stimmt es jetzt?

Und nun viel Spaß!

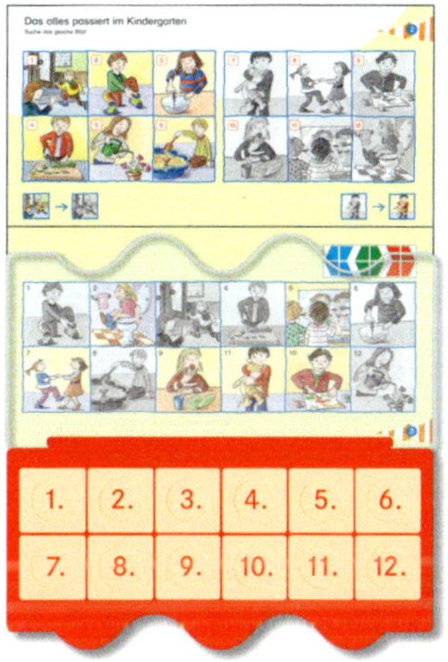

Das alles passiert im Kindergarten

Suche das gleiche Bild!

1
2
3
KINDER
GARTEN
4
5
6
7
8
9
10
11
12

Quartette

Wo ist die vierte Karte?

1
1
2
3
2
D
3
4
5
6
7
8
9
10
11
12

Eine kleine Zählübung

Finde das passende Bild!

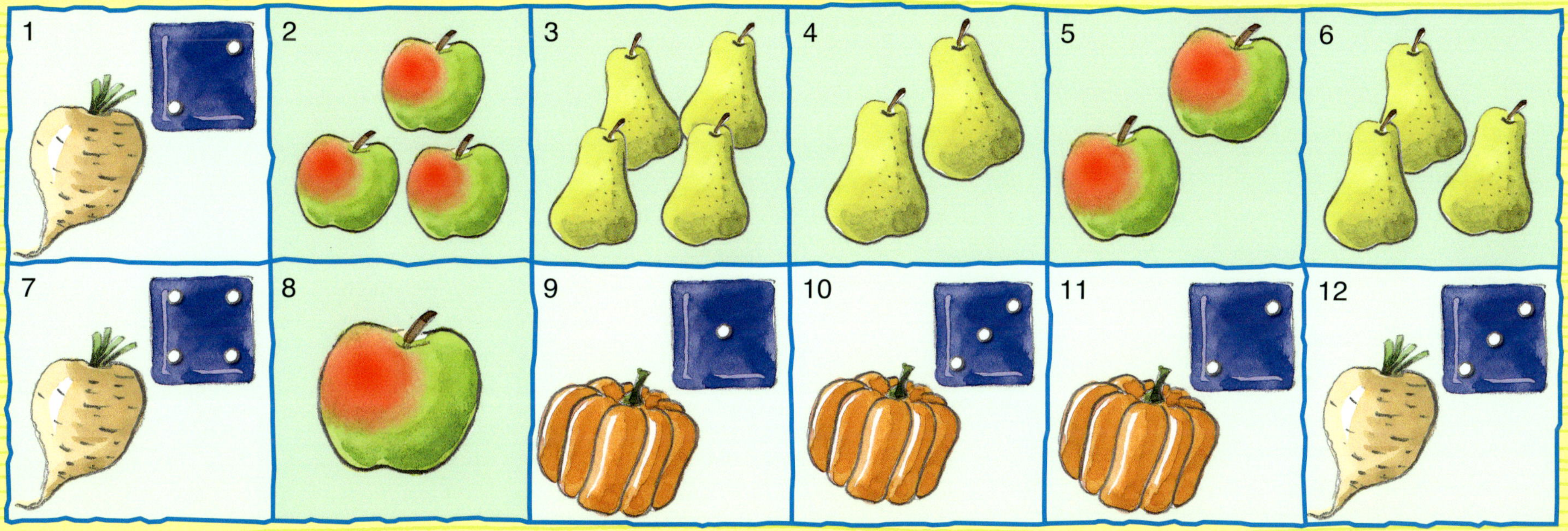
1
2
3
4
5
6
7
8
9
10
11
12

Draußen und drinnen Verstecken spielen

Was gehört zusammen?

1
2
3
4
5
6
7
8
9
10
11
12

Wir spielen mit Finger- und Handpuppen

Ordne richtig zu!

1
2
3
4
5
6
7
8
9
10
11
12

Wir musizieren

Ordne die gleichen Noten zu!

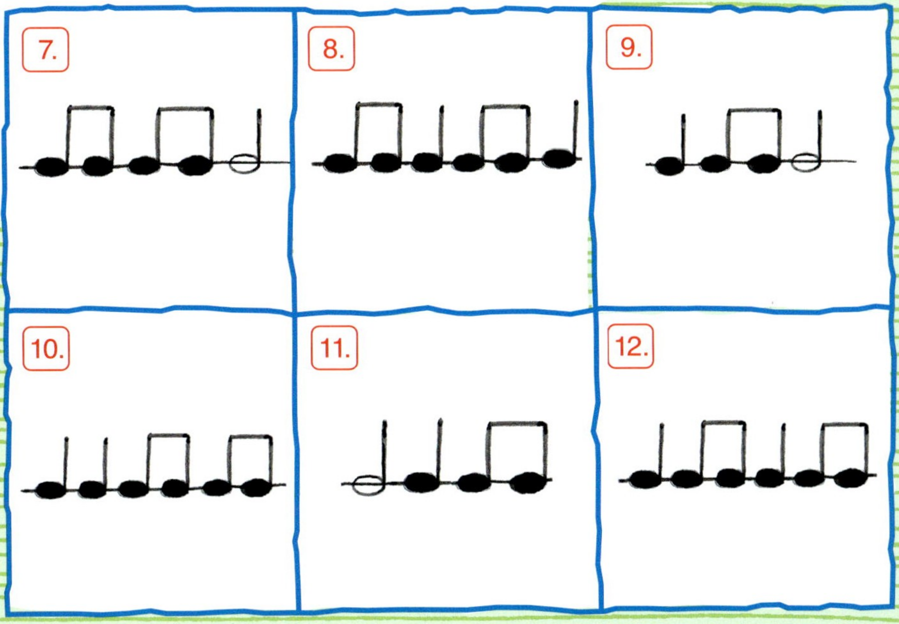

1
2
3
4
5
6
7
8
9
10
11
12

Wir ertasten Dinge

Finde die passende Zuordnung!

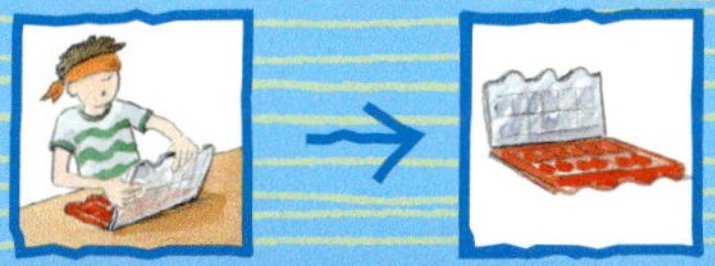

1
2
3
4
5
6
7
8
9
10
11
12

Wir kneten und malen

Was gehört zusammen?

1

2

3

4

5

6

7

8
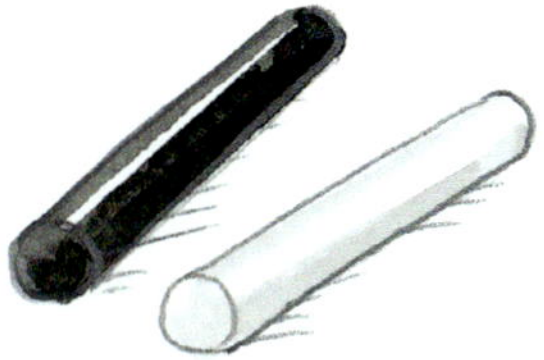
9
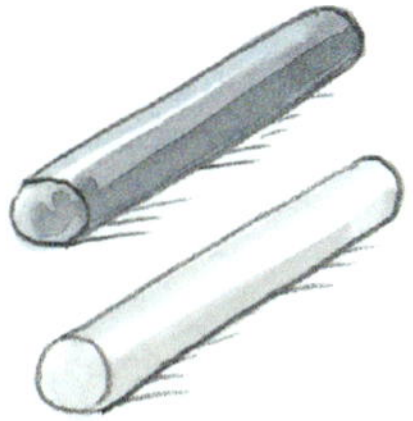
10
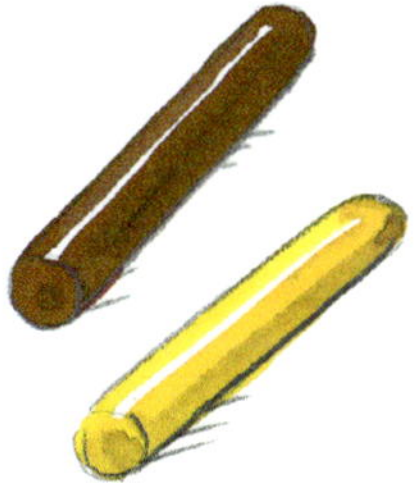
11
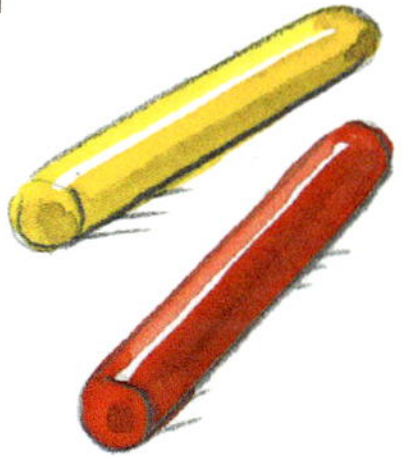
12

Wir suchen das Gegenstück

Wo ist das zugehörige Bild?

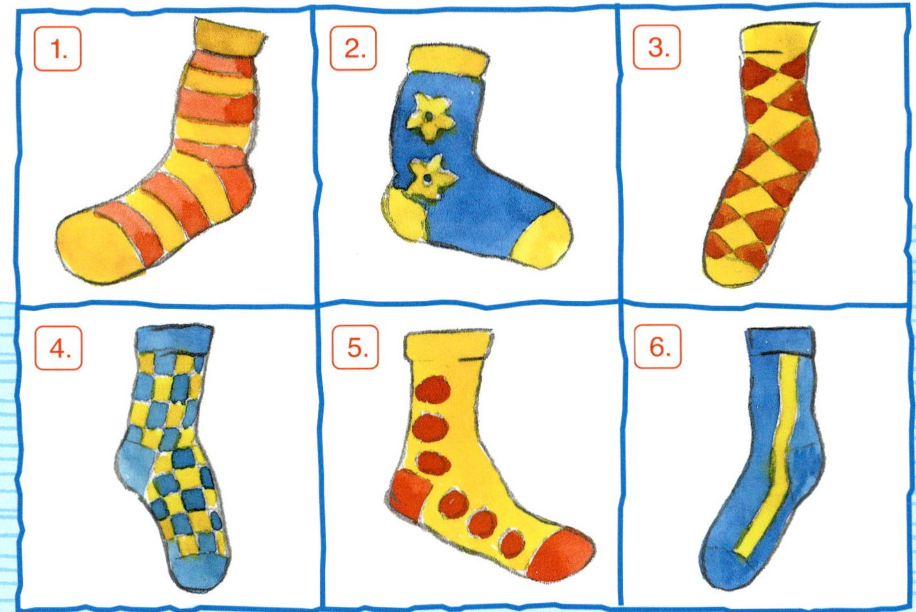

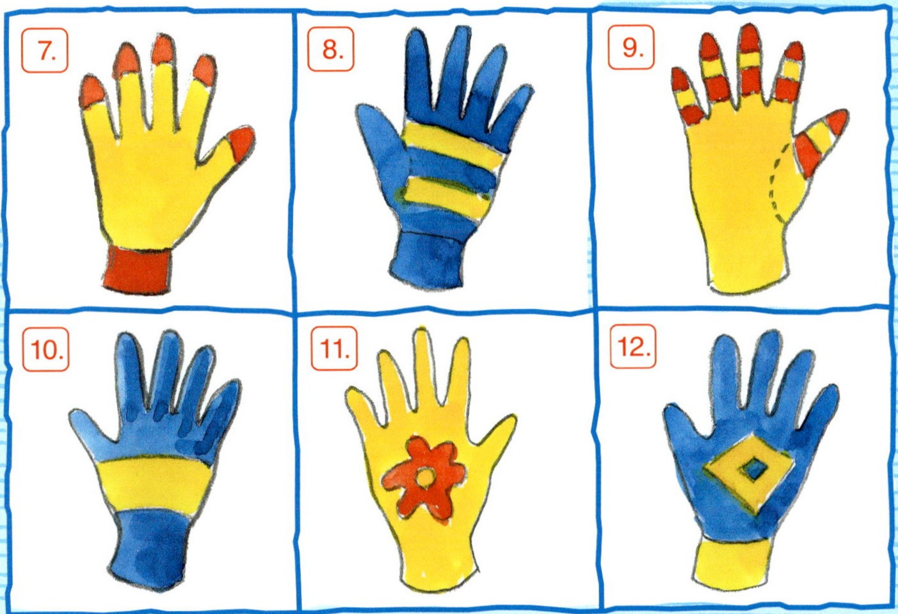

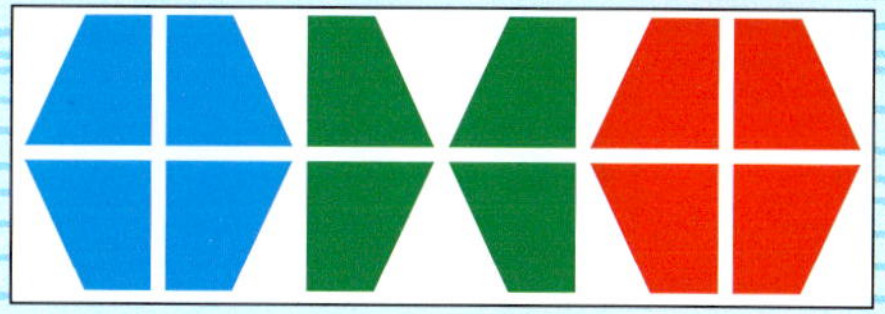

1
2
3
4
5
6
7
8
9
10
11
12

Alles hat seinen Platz

Finde die richtige Zuordnung!

1
2
3
4
5
6
7
8
9
10
11
12

Erstes Zählen

Finde die richtige Zuordnung!

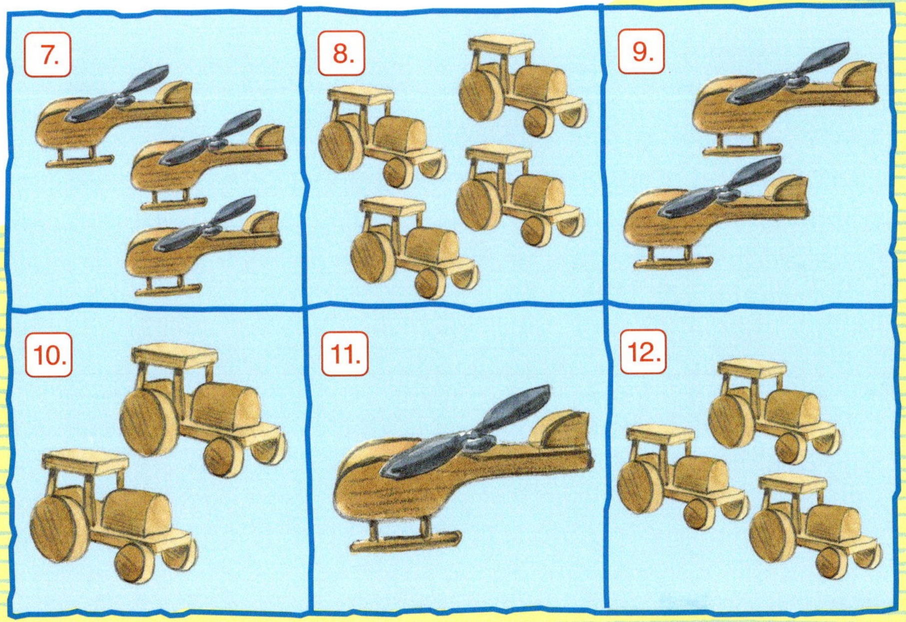

1
2
3
4
5
6
7
8
9
10
11
12

Wir stellen Rupf- und Reißbilder her

Was gehört zusammen?

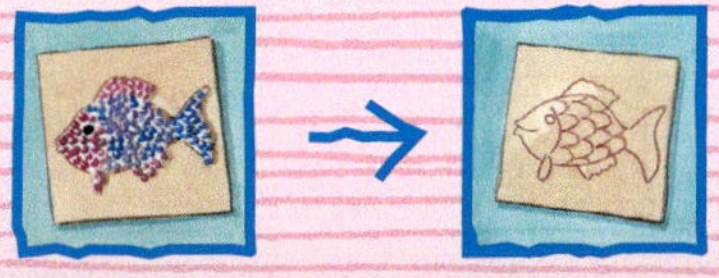

1
2
3
4
5
6
7
8
9
10
11
12

Was wollen die Kinder werden?

Ordne die passenden Bilder zu!

1. Sängerin, 2. Reiterin, 3. Stewardess, 4. Radrennfahrerin, 5. Ärztin, 6. Polizistin,
7. Kapitän, 8. Fußballer, 9. Koch, 10. Astronaut, 11. Footballspieler, 12. Feuerwehrmann

1
2
3
4
5
6
7
8
9
10
11
12

Wir turnen und klettern

Finde die richtige Zuordnung! – Für Könner!